Jonain päivänä kävelen pitemmälle

Riitta Komppa

Jonain päivänä
kävelen pitemmälle

runoja

Tämä on neljäs runokirjani.
MISTÄ MINÄ TIETÄISIN ilmestyi vuonna 2020,
EN MUISTA LÄHTENEENI vuonna 2021 ja
UNEN KADONNUT AIKA vuonna 2023.

Kustantaja: BoD · Books on Demand, Helsinki, Suomi
Kirjapaino: Libri Plureos GmbH, Hampuri, Saksa
ISBN: 978-952-80-8563-8

Sisällys

PEILIKUVA

PYSÄHTYNYT

Levottomana liikut maailmojen välillä.
Puut ja pilvet nousseet kuin tyhjästä
                alun epäröinnin jälkeen
            talot, ihmisetkin löytäneet paikkansa.
Värit ja varjot, valot ja suunnat
                liikkuvat estoitta kuin rajoja
            ei olisi koskaan ollutkaan
äänet kulkevat kaikuina kuvasta toiseen.

Vasta kun maailmat liukuvat yhteen
                saat tilaisuuden pysähtyä, olla.

Toinen kuva oikeinpäin
toinen nurin
nurinpäin ei valehtele
se on totta eli oikein
ja oikeinpäin – antaa olla
onko sillä väliä,
hetkeen pysähtynyt kuva
antaa katsojalle aikaa.

Vaikka pysähtyneessäkin on liike, mutiset
                ja myöhemmin

onko totuus koskaan sama kaikille.

KAKSI NÄYTÖSTÄ

1

Korvissa jyrinä, räjähdykset
huudot ja itku
          riuhtovat halki,
pölyä savua liekkejä raunioita
punaista mustaa ruskeaa
repimistä, romahtamista
nokinen koira, räsynukke silmäpuoli.

Sireenit eivät väsy.
Ikuiset kuvat kaivertuvat silmiin
kyyneleet eivät erittele syitään
mieltä puristaa käsittämätön
                    päättymätön.

Suojassa vieri vieressä,
lepattavat lamput, tärähtelevät seinät,
ulkoa kauhu syöksee kohti.

2

Vihreiden poimujen aallokko
          harjanteet ja laaksot
lyhytnukkainen matto väsymätöntä vehreyttä.

Kiipeä korkeammalle, edessä putoaa
          kallio kuin seinä
          veitsellä halkaistu, valkeahohteinen.
Meri, vihertävän siniharmaa
          miltei nukahtamassa
kalvenneella taivaalla hauraat harsokuviot.

Kun jaksat odottaa
          horisontissa kohoaa linna
häilyy kuvajaisena veden päällä
          ilta-auringon välke torneissaan
viipyy vain hetken
          vain sinulle
               ehkä hän joka lähti
kertoo   kaikki on hyvin.

Taita paperista laiva, sytytä pieni tuli, lähetä matkaan.

SEINÄT SOITTAVAT

Olohuoneen seinät soittavat
    kuulostaa fagotilta
        taustalla helähtää harppu.
Vanha metronomi nurkkapöydällä yskähtelee
    viisari värisee, epäröi
        kohta jo heilahtelee puolelta toiselle
          löytää seinien rytmin.
Orkesteri laajenee
    kuulen pari viulua ja klarinetin
metronomi saa uutta puhtia.

*

Yllättäen seison vanhan satukirjan metsäaukiolla.
    Kuulen miten jouset ja puhaltimet
        soittavat yhdessä ja erikseen
    miten kuuset ja haavat
        suhisevat, havisevat mukana
          kuin vanhat taitajat.

Ketunleivät ja sudenmarjat
    ihmeissään ja peloissaankin
        alkavat hyräillä vienoa duettoa
    koiraa säikähtäneen jäniksen kimitys
        rikkoo illuusion.

*

Kotona vaatekaapista kolahtaa
              kulahtanut takkutukkabarbie
              ravistelee pois vuosikymmenten horroksen
              tapailee epäröiden tanssiaskelia
kas, nyt jo viilettää villein kaarin
              ympäri huonetta
              takut suoristuvat
silmistä tuikkii nuoruus.

RAJA-AITA

Tiedän kyllä, kyseinen tapaus on
äärimmäisen epätodennäköinen
joudun siirtämään
uskottavuuden raja-aitaa.

Kai kuulit, miten
tunnistamaton soidinhuuto
jäi kaikumaan puiden väliin ja
ymmärrät, että horisontin takana
vaanii jo mielipidemyrsky.

Tässä vaiheessa suuntaa
on mahdoton muuttaa
myrsky alkaa, jos alkaa.
Me hymyilemme toisillemme
ja hyppäämme yli aidan.

HEIJASTUS

Muutama väri
        leveitä siveltimenvetoja
ajatus, joka syntyy ajattelematta
liike, joka syntyy liikuttamatta.

Oletko peilikuvani
        mielen harhaa vai unta
häviätkö, jos astun lähemmäs.

Heijastus veden pinnalla
        päivän ja yön toistuvat kasvot
        väreiden tummankirkkaat kipinät
pinnan alla laskematon syvyys
                houkuttaa, uhkaa.

Vain tämä hetki
        veden vaatelias välke
                epätäydellisyys
        eheys.

VALOA JA PIMEYTTÄ

Jalkojeni alla neulasmaton pehmeys
    ja juurten kuhmurat
sormenpäissä männynkaarnan karheus

      ei haittaa, vaikka kuu viivyttelee
        pilven takana
      ei haittaa, vaikken tiedä
        milloin valkenee.

Muistan sitä, joka sanoi
    tervehdi jokaista, joka kantaa taakkaa
        pimeyttä harteillaan
    on väsynyt ja vailla toivoa,
    pyydä vastausta peililtäsikin

enkä unohda sitä, joka sanoi
    käy varhain aamulla puutarhaan
        tervehdi kukkia, vastapuhjenneita
          poimi mukaasi muutama
    ota niitä, jotka jäisivät varjoon.

Puiden lomassa

      sumu kellertää

    aurinko rullaa sitä verkkaan auki

en tiedä

    olenko siellä

      missä piti

        tiedän vain

    valo ja pimeys

        ovat täällä

      ympärilläni

    sisälläni

näetkö.

PORTTI

PORTTI ON JÄÄNYT AUKI

Olin sukeltanut niin kauan ja niin pitkälle
            että ilma karkasi keuhkoista
      nousin pintaan syli täynnä ahvenvitaa.
Olin kerännyt pudonneet omenat ja
      pensasruusun kuihtuneet kukat
            pihlajan oksat viistivät maata.

Kurjet keräävät joukkueitaan
            ensimmäiset lähes valmiina muuttoon
                  aurat loppusilausta vailla.
Niityn yllä häilyy hopeavalo
            karhunputkien kätköissä peuran jäljet
            kurjenkellon helähdys kuin huokaus
                  myyrä viuhtoo polun poikki.

Portti on jäänyt auki
            saranat pistävät hanttiin
      huuhtokoon levoton tuuli
                  pois väsyneet lehdet.
Leijailen mukana kattojen ylle
            haikailen kurkien kyytiin,

miten pieneltä näyttää piha
      miten pieneltä peurojen niitty.

KATKENNUT MELODIA

Kevättuuli lauloi joka kadunkulmassa
          yhteisten päiviemme keveydestä
luulin että voimistuvat duurisoinnut
          kantaisivat kuohuna vuosien harjalla,

vaan syksyllä sammuivat soinnut
          kun lausumaton lähtösi
jätti katkenneen melodian
                    repaleisiin öihin.

Valottomien kuukausien
                    loputtomat tunnit
          pyörittivät samaa kertosäettä
oli sitten päivä tai yö
          aina aurinko poissa
                    aina maa jäässä.

SEULA VAI SUPPILO

silloin kun vielä olin joku muu
halusin kulkea läpi toisenlaisen elämän
kaikki kysyivät mitä ihmettä tarkoitan
en tiedä vielä vastasin
katsotaan kun pääsen alkuun
onko se seula vai suppilo
vaiko kulmikas kärrynpyörä

lähtöruutu piti valita
pakkaanko Samsoniten
ja arvon pitkän lennon
vai heitänkö selkääni repun
ja hyppään seuraavaan junaan
ennen kuin osasin päättää
istuin jo bussissa

päättärillä pähkäilin
seuraavaa siirtoani
haluanko ooppeleita, osakkeita
vai kartuttaa ymmärrystä, niin
kyselin vastaantulijoilta
kumpi on viisaampaa

neuvoista ei ottanut tolkkua
lopulta pieni lapsi
viittoi: mene tuonne
siellä hymyilevät kaikki
siellä syödään vain herkkuja

olin tyytyväinen ja pyylevä
ja kaikkien kanssa hyvää pataa
suositumpi kuin osasin odottaa
tai pitkän aikaa ajattelin niin
kunnes pääsin jyvälle
että naamioiden piiloissa
kyti kasvava kademieli
ja omakin peilini näytti
miten pakotetut hymyt
olivat uurtaneet poskiin kanjonit

mistä voi matkaaja tietää
milloin on perillä
huomaako saappaissa vierasta savea
tajuaako jo hyvän aikaa
syöneensä outoa ruokaa

pakenin kauas kaikesta
päätin elellä erakkona
opetella kohtuutta
mutta tuntui kuin kahlaisin päiväni
vieraanlaisen unessa
ulkona poltti aurinko ja sisällä hytisytti
ruoka oli aina eilistä ja juoma kitkerää lientä
niin kohtuus liukui käsistä ja
kissakin löysi toisen

tämäkö maali, tämä surkea häkki
tunnustin aamukuvalleni
miten pettynyt ja uupunut
olin hortoiluun ja sählinkiin
en ollut edes oppinut vieraita kieliä
taskutkin reikiä täynnä
olin pieni karhu synkässä metsässä
ilman ystäviä ja hunajaa

mistä minä tietäisin yhtään mitään
vaikka kysyisin viisaimmilta
tohtoreilta ja konsulteilta
valitsenko seulan vai suppilon
vaiko kulmikkaan kärrynpyörän

VALKOISTA JA MUSTAA

Valon ja varjon järkiliitto
etäisen ja lähellä olevan erkanevat polut
pakkasen ja helteen kielimuuri.

Mennyt lipuu yhä kauemmas
            silti kuin huone jossa asun
                    unet jotka jäävät,
tuleva odottaa nurkan takana
            silti kuin vieras joka saapuu
                    erilaisissa asuissa ja aikeissa
                            ilmoittamatta
            jonka kieltä taas kerran
                    on opittava soittamaan.

Ratsut ja tornit siirtyvät itsekseen
                    säännöistä piittaamatta
            karkaavat ulos ikkunasta,

otatko kiinni valkoisen vai mustan.

PUHTAAT PILVET

Yksitoista kesää kuin kadonnut
kannoin itseni ulos, harteillani
kaikki mihin käteni oli koskenut
en halunnut jättää mitään
vaikkei olisi muutakaan paikkaa
ei muuta tehtävää, merkitystäkään.

Viimeisen kerran kuljin läpi pihan
jokainen tuuma sormilleni tuttu
jokainen ruusunpiikki ja kärhönnuppu
vielä suljin portin, pysähdyin
kesien määrä oli täynnä.

Yhä tallella sanat ja halu solmia lauseita.
Menen metsään, tarkistan tutut puut
sivelen rosorunkoja, taputtelen valkeaa tuohta
tervehdin kiviä, jotka olen oppinut tuntemaan
kierrän kosteikon, mietin veden pintaa ja virtausta
hyräilen itsekseni, kuiskaan varovaisen säkeen
ylitse lipuvalle joutsenparille.

Sitten jonain päivänä kävelen pitemmälle
kaupunkeihin ja puutarhoihin, joista on puhuttu
toisena päivänä meren rantaan
tähyän niin kauas ja niin kauan, etten enää näe mitään
vain valkoisen tyhjyyden, puhtaat pilvet.

HALLA

JOKA KATVEISSA KULKEE

Keltainen lehti putoaa
yhtyy hallaöiseen sekakuoroon
    jota tuulen sorasoinnut
        riuhtovat edestakaisin
punainen lehti yrittää karkuun
        hoilaa silmät sirrillään
      falsetissa ylitse muiden,

herättää sen
    joka katveissa kulkee ja
    koristaa hiuksensa jäätyneillä karpaloilla
    kääriytyy horsman harsoihin
        ei koskaan enää nuku
          eikä milloinkaan herää
paitsi jos tiedät sen loitsun
    joka kääntää horteisen mielen
      hilpeisiin sykkeisiin.

Huhuileeko halla
      kylmyyden tyhjäksi
    laskostaako viittansa talvisäilöön kun
kaikki lehdet ovat pudonneet
    ja musta jää sitoo vaietut silmät
      pitkospuilta kallion laelle.

Mannerlaatat murisevat vaiti.

AJATUKSET RAHISEVAT

katkeilevat ja juuttuvat
erota siinä sitten
kirkasta sameasta.

Voiteluöljy
taisi valua tyhjiin
kuka potkaisi
kumoon kanisterin
kuka pelkäsi, vastusti
riippumatonta käsittelyä.

Onhan se työlästä
joka debatin jälkeen
voidella liitokset ja saranat
koota kesken jääneet
kolhiintuneet
kitisevät aihiot.

PÖLYÄ

Huusiko joku, että jätän jälkeeni vain pölyvanan?
Onko kukaan nähnyt minne oikeat askeleeni häviävät?

Vaikea uskoa, että liikkuisin jalat irti maasta, minä
joka olen aina tehnyt kaiken oikein ja järjestyksessä.

Sitä paitsi eikö tässä iässä ole aikakin pitää jalat
maan pinnalla parhaaksi katsomallaan tavalla.

Hei, älkää, rollaattori ei sentään ole tarpeen,
ei tarvitse palauttaa, rullatkaa varastoon,

naapurissa asuu vanhoja ihmisiä. Nuorempien
sopii elää pää pilvissä, sädekehä on eri juttu,

siitä ei nykyisin puhuta (paitsi ehkä figuratiivisessa
mielessä), onko nähtykään aikoihin, Ateneumissa

tai jossain. No, enhän minä kruunuja kaipaa, tuskin
myönnettäisiinkään, askel voisi olla kevyempi

edellä kerrottua vähättelemättä, ja please, voisinko
                    vielä kerran bailata läpi yön.

ETSIMÄSSÄ

Vaikka kuinka koluaisin, vaikka joka mutkan takaa
ja jokaisen ajatuksen alta, en löydä sitä mitä minut

lähetettiin etsimään ellei peräti noutamaan, en edes
muista mitä sanottiin vai sanottiinko ylipäätään,

onko se enemmän kivi vai puu vaiko eläimen tassun
painallus mustikanvarvuilla, muuttolinnun siipiväli,

lähteensilmän syvyys, ei annettu karttaa, ei
koordinaatteja, ei merkitty reittiä valkeilla kivillä.

*

Nyt kevät on uponnut unohduksiin ja syksykin
raahustaa viimeisillään, maa aamuisin kohmeessa
eikä juuri puhu, leskenlehtimatot kuurasta kurtussa

ja mieleni kuin töyssyinen perunapelto, varpaiden
välissä savista multaa, pari madonreikää taskussa.

*

Jospa se olikin unta ja määränpää niitä seutuja, joista
ei valveilla tiedä, mutta jotka nukahtaessa jo odottavat

vai pitikö astua satuun ja pelastaa jälleen kerran se
pahuksen prinssi iki-ikäisen pahan noidan pauloista

tai prinsessa lohikäärmevuorelta, ellei sitten toisin päin,
                    jalosukuiset kun tapaavat oikutella.

LEIKKI KAUKANA

Pensasruusu on levoton, kuplii kuplii
                    kevätmahla kuoren alla
        luomisen huumassa syntyy
                        kasvaa uusia oksia
            työntyy esiin piikkejä
                            teroita, hio!
Kipinät sinkoilevat, ilmassa ritisee
                        reviiri laajenee.

Varo oksien leikkaaja
                varo viaton ohikulkija
        se käy salamana kimppuun
                    hyökkää selän takaa
        tarttuu hiuksiin puseroon
                kihisee piikkien välistä:
                        viskaa pois nuo sakset.

*

Kääpiövuorimänty on kasvanut ulos
            nimestään ja raameistaan
        kurkottaa yli käytävän
            hiipii muina mäntyinä
                ruusupensasta kohti.
Pitkät pehmeät neulaset
        luistelevat piikkirintaman läpi mutta
            lähitaistelussa on väistettävä.

Öisin mänty hiiviskelee käytävillä
            huhuilee sukulaissielua vailla
        tuijakin vielä huppu päässä
                kuurona puoliunessa.
Viimein puhaltelee ikävissään
            keltaista luomispölyään
        yöperhosten siiville ja kohti kuuta
            kadehtii sen kaiken nähnyttä katsetta.

                *

Ruusu mutisee jo maanisena
        ei kuule omaa ääntään
            kun piikit iskevät kipinää
ja sinä, hae suojalasit ja paksut hanskat
                tästä on leikki kaukana.

ÄLKÄÄ HERÄTTÄKÖ

On kuin lyhenevä päivä laahaisi mukanaan
        jos ei loppuunmyytyjä aurinkomatkoja
                ainakin alakuloa, matalamieltä
houkuttaa iänikuiset sudetkin uniin.

Kuka jaksaa joka syksy hehkuttaa värien ihanuutta
                pilveenkin kertyy aina samaa kamaa.
Jos ylipäätään viitsin ulos, napsin kuvia vaikka
                maatuvista lehdistä
                pystyyn kuivuneista koiranputkista
                        ehkä viluisista sammaleista
                mustuneista ruusunmarjoistakin.
Ehdottomasti ennen lumikuorrutusta.

Kiviystäviäni en unohda, vaikken kuvaisikaan
                ovat kylmässä erityisen jäykkiä.
                        Kuulumisia sentään vaihdamme
                kuiskuttavat mehevimmät juorut.

Ihmisystäviäni saatan shokeerata ikuistamalla
                läheisen työmaan kurottajia ja nostureita
                        rapaisia betonimyllyjä ja
                kumoon ajettua tienviittaa.

Lempituolissani, suojassa syksyn kuuroilta ja puhureilta
            pohdin kaikkea turhanpäiväistä.
Heijastuvatko lammen ylle kumartuneet pensaat ja puut
       tummaan veteen niin kuin kesällä
                erottavatko kuvaansa syyssameudelta?
Entä virittääkö tuuli veden pintaan hopeaväreitään
       vuodenajasta riippumatta?

Varautukaa: viimeistään marraskuun lopulla
          vetäydyn horrokseen, unen susista viis.
Älkää herättäkö ennen joulua
                     paitsi jos kinkku kärähtää

          lapsenlapset voivat nykiä peiton kulmaa
                milloin haluavat.

MERKKITULET

MITTARIT PUNAISELLA

Päivät tykyttävät vitkaan
tukahtuvat toisinaan
kohmeiset hymynkareet
jäävät puolitiehen
eikä mitään jää läikkymään silmiin.

Vuosikymmeniä sitten
aika oli kuin jännitetty jousi
kipinöi, viihtyi valossa
ajatukset säkenöivät sädeviipaleissa
läpi päivien ja vuosien.

Vieläkö rohkenemme kertoa
miten tuhannet pistot
kiinnittävät meidät tähän varjoeloon
jalat hetteikön varassa
tupasvillat korvissa ja
säryn väkertäjät silmien takana,
kaikki murtamassa mieltä
emmekä jaksa enää ponnistella
mittarit jo punaisella.

MERKKITULET

Kaikkitietävä kertoja oli saanut tarpeekseen
        ihmisten itsekkyydestä, pettynyt
jääräpäiseen kompasteluun
        klaanien välillä ja
        yläkertojen läpikuultaviin ajatuksiin.
Sähkökin nikotteli kuluneilla linjoillaan
        ja kommunikoinnin railot
                vain levenivät.

*

Katujen varsilla
        tiilimuurit kuhisivat vaitonaisina
                rappausten raoista karkasi
yksinäisyys kuin tuulen vihellys
        sukelteli piippujen ja kupolien ympäri
                ihastui stadionin torniin
muisti missionsa ja ravisteli yltään
                vuosien pelot ja itkut
        lumihiutaleiksi kulkijoiden päälle
raotti ovea unohtuneeseen keveyteen ja valoon.

*

Kirkkojen kellot havahtuivat, alkoivat
                    haastaa toisiaan
          duurit ja mollit kiirehtivät kilpaa
kaupungin ylle – liian myöhään
                    valot valuivat jo asfalttiin
                         katu toisensa jälkeen
          ja pyyhkiytyivät kuin meren aallot
                    vasten rannan kalliopaasia,

eivätkä merkkitulet
          ole kiistäneet osallisuuttaan.

PÄITÄ JA TAKKEJA

Kompromissi, höyhensaari,
harmaakaihi ja kunnallisvero
kävelivät ja juttelivat kesäillan idyllissä.
                    Ylhäällä jyrisi ääni:
olisi jo aika laittaa päät kiertoon
ja antakaakin takkien olla.

Pään irrottaminen on suhteellisen vaikeaa
                    ja vielä vaikeampaa on
kiinnittää sitä uuteen kohteeseen.
Ja ajatelkaas jos diili peruuntuu.

Takkeja taas on liiankin helppo
riisua ja pukea, tekevät sitä salassa
                    kun haluavat hassutella
saattavat lähteä lentoonkin omin neuvoin
hihat vain pullistelevat tuulessa
                    ja taskuliinat liputtavat.

Mustan pörssin harmaaveron tuella
irtopäidenkin on nähty vierivän pitkin teitä ja
huutelevan ohikulkijoille päättömyyksiä
kunnes ovat tikahtua asfalttihöyheniin.

Niitä pitäisi varoittaa, mutta kukaan ei ole uskaltanut
kaikki pelkäävät ennenaikaisia päätöslauselmia.
Sellaisen jälkeen on vaikea saada jatkokautta
ei ainakaan ilman cliffhangeriä.

Sekin on muistettava uuden kauden alettua
ripustaa tuulettumaan ja varottava liian jyrkkiä kallioita
(on aina järkevää varautua pahimpaan).
Sen jälkeen kaikki voivatkin yhtyä tunnariin
uuden kunnallismissin johdolla.

meni poikki. Korjaaminen ei onnistunut, uutta ei
löytynyt, ei mitään sähköistä liittymistapaa. Hän joutui

odottamattoman realiteetin eteen. Päätti toistaiseksi
sopeutua, suostua niiden seuraan, jotka olivat päätyneet

samaan kuplaan. Aluksi uusien yksilöiden tapaaminen
tuntui vaihtelulta. Kuplassa oli kuitenkin usein tungosta,

tarvittiin tehokkaita kyynärpäitä, että pääsi reunalle
tarkkailemaan ulkomaailmaa. Näkymättömien

yhteyksien luonti oli vaikeaa ja onnistui kunnolla vain
niiltä, joilla oli jonkinlaisia telepaattisia kykyjä. Jos niitä

ei ollut eikä aggressiivisia kyynärpäitäkään, jäi helposti
jumiin kuplan keskelle ja sulautui metayksilöön.

Sitä kunnioitettiin, mutta lähelle joutumista välteltiin
viimeiseen asti. Kuplien tuotannossa oli ollut vaikeuksia

ja ihmisiäkin oli hävinnyt liikaa. Ratkaisua etsimään
asetettiin valtakunnallinen komitea, joka tätä
kirjoittaessani suunnitteli suunnitelmaa.

NOITA NOITIA

Huopaohdake, varjoelämässään partasuti
        ellei sitten puuterihuisku
ja katso maitohorsmaa
        muuttuu vanhetessaan röyhyparraksi
        rentunruusulle sopivaksi.

Mikä hullumpaa
        keltanoita on monia lajeja
                niitä näkee vähän joka puolella
        mutta mustanoita on harvinainen
                tiedät kai Milla Magian
                        tai ainakin Noita Nokinenän
                jälkeläisistä ei tietoa
                        kunnes taannoin

röyhypartojen käkätys sai noidat raivon partaalle
        lentämään yli luudankantaman
                        huopakeltanorinteeseen
                kohta täynnä huopamustanoita
        ohdakkeisissa huopatossuissa
                        taikoja treenaamassa
                        luutia virittämässä.

HARAKKA

MANHATTANIN MAALISKUU

Onnenpensaat hehkuvat, ilmassa rätisee
                keltaisten soihtujen joukko.
Myöhäinen lumisade yllättää yli Broadwayn
                Keskuspuiston päälle.
        Miten ehtiikin hipaista jokaista terälehteä
                ennen kuin säntää itään
                nyhtäisee mennessään sateenkaaren
                        puiston ylle.

Pensaiden kuoro laulaa onnestaan
        ytimissä säpsähtelee
                muuttuuko perimä piirun verran.
Kullanheleä sointi
                herättää suruvaipan
        sateenkaari ohjaa sen pensaiden luo
                huomaavaisin tarjoaa
        täyden pikarin keväthuumaa.

Perhonenkin häikäistyy sulavista hiutaleista.
        Kun mesi valuu suoniin
                sen siipi värähtää
        ja unta tai totta, maa tärähtää
        mantereen toisella laidalla
                ruostunut soittorasia särähtää
                takeltelevaan tuutulauluun.

YÖLENTO

Kerran kuutamoisena yönä
          lensin aavan veden päällä
kookkaat kalat katselivat
                heilauttivat pyrstöjään
          suomuissaan kuun kultaa.

Kun vedestä yllättäen
                nousi vehreä puutarha
          sain kopin omenoista ja karviaispensaasta.
Pian vesi taas peitti kaiken
                aallot alkoivat kohoilla
          vastatuuli raivosi ja riuhtoi
viimein väsymys saattoi lähimpään saareen.

Istutin pensaan maahan
          söin nälkääni omenoita
                siemenet syljin minne sattui
nukahdin karviaispensaan alle.

Havahduin, ylläni kaareutui
                    ylväs omenapuu
oksien väleissä auringon silmäniskut.
Puu ojensi peilin, näin naisen
                    kultatukkaisen ja nuoren.

Aurinko taittui peilistä suureen portaikkoon
                    kiivas puheensorina valui alas rappuja.
En ymmärtänyt kieltä
                    puu tulkkasi
                    kiistelivät siitä kuka omistaa omenatarhan
päättivät yksimielisesti:
                    minut pitää karkottaa.

En voinut suostua, en jäädäkään
                    käänsin kelan pyörimään takaisin alkuun.
Aamulla heräsin kotona kuin ennen
                    paitsi muistoina matkasta
                    kaksi kultaista suortuvaa hiuksissa
                    ja sormessa karviaispiikki.

SEMINAARI OXFORDISSA

Kivitalojen neliökehässä
satavuotiset peruukkipäät
remuavat pitkin yötä
        päivällä Blackwell'sillä
        hyllyrivit lukevat puhki.

Karkaan ylös kivirappuja
juutun spiraalin seiniin
takana tulevat puskevat irti
        huipulla huojun ja hurmaannun,

kohta lennänkin harakkana
kaartelen katujen yllä
koristelen oppineita
suhahdan sillan alta
siipeni kai sipaisevat
huokaukset ropsahtavat
leviävät asfalttiin
        viiletän poikki niittyjen sametin
        ihailen kuvaani joen läikkeessä.

Illalla isossa teltassa
(ihmisiksi jälleen)
mimosa kuplii laseissa
nostelen maljaa sivistyneesti
nokin – ei vaan näykin –
pientä ja maukasta
valkoisten liinojen ringistä
        tuuli lepattaa teltan liepeillä
        otan uuden lasin ja hymyilen
        haen nokkavia sanoja ja risteilen.

Hyvästelen tahdikkaasti mutta
nauraa räkätän liepeitten raosta
ulkona pörhistän siipeni ja
        pyrstöni välähtää.

SAMETTIA

Kuusen pihkantuoksu ja annos
sinihämyä oksien siimeksestä
leskenlehtien aurinkonukka
valkovuokkojen tähtipeite ja
hiirenkorvien kuiskiva vihreys
vielä kallion sammalvaippa
samettia sormien alla.

      Kuin yön kuningatar
      olisi levittänyt viittansa,
      upottavansinisen samettiviitan
      esiripuksi taivaan ja maan välille
      kuin siihen olisi puhkottu pieniä
      reikiä, joista valo pääsee vapaaksi.
      Katso miten ne tuikkivat, tanssivat!

Entä se prinssi samettisuu
purppuraisessa puvussaan
mitä se lupasi linnansa juhlissa
ja kuinka montaa tanssitti
vai luuletko olevasi ainoa
jolle se panttasi sydämen.

TUNTEMATON LAULU

En matkaa pimeillä teillä
en eksy sumuisiin mutkiin
enkä polkujen mudasta tiedä.

Aina kultaista kuuraa kannan
minä hopeisen naamion yllä
ja sylini kaarna kimmeltää.
On lauluni vaskien valitus
ja juureni graniittipaasi.
Miten tanssii samettisammal!

Jo valkea ratsu hirnahtaa
on kurpitsavaunu kuin uusi.
Niin turhaan ne minua odottaa
olen taikakenkäni löytänyt
ja vaskien soitto kuin loitsu.

VEDENHALTIA

TUULIMYLLYT

esiäitien laulujen kaiut
vaeltavat saarten välissä

Vastaranta piiloutuu usvaan
     harvaan sirotellut saaret sykkivät
          kasvavat kiviä ja puita
aurinko vielä kokonainen.

Rannoilla kalastajien veneet
          verkot vajojen seinustoilla
     vesirajassa kalansuomujen hopeaa.
Mäellä puhaltaa tuuli
     etelästä järveltä, pohjoisesta pelloilta
          pyörittää kylän tuulimyllyjä
lauantai-iltana seuraintalon mäellä
          heilahtaa keinu.

näitkö tämän jo silloin
palaatko vielä joskus
soudat läpi kaislikon
kuuntelet vettä pitkin kiirivää laulua
näet miten vaalea helma hulmahtaa
näet kun keinu saavuttaa korkeimman männyn

KIMALLUS

*Hyllyssä kivi, ametistikvartsia, tummaa violettia, teräviä särmiä,
kulmikkaita, sileitä pintoja. Toinen pää suippenee valkeaksi,
tiukemmaksi, miltei tukkoiseksi, pienet kiteet kimaltavat.*

Taas kahlaan rantavedessä
kiviä varpaitten alla
siellä täällä kimaltaa
salaisuus tai kuin arvoitus
ei kilise, ei helise
ehkä muistaa, ehkä näkee unta:

    *

Niin pimeää ja hyytävää
jään paino, liike, ryske
miten se riehuikaan
muokkasi, hioi
kuljetti mukanaan
lopussa oli vesi,

    olimme yhtä
    aika oli äärettömyys.

    *

Emme edes huomanneet
kun viisari vaivihkaa
alkoi muuttaa suuntaa
auringon mahti
kasvoi kuin salaa.

*

Nyt kesätuuli ravistaa kohmeen
virittää aallokon tanssin
silti sisällämme ikirouta
silti kimallus
kuin lumikide
talviauringossa.

JOUTSENET

Kaksi joutsenta kohtaa
ilma sähköistyy, rakoilee
kiihkeää uutisten vaihtoa
säestää siipien vimmainen suihke

      kaiku naurahtaa tahtomattaan
      hämärä pidättää henkeään

huolenaiheet koteloissaan
lahden kaisloihin kiedotut.

PAKENEVAA SILKKIÄ

Harsoinen kädenjälki
valon ohetessa kuultavampi
pakenevaa silkkiä sormien välissä,

    tuuli kulkee säikeiden lomasta
    ohittaa ontoiksi kalutut aikeet ja
    kauhtuneiden päivien valheet.

Pimeä nousee aaltojen alta
kääriytyy rannan puihin
nouseva kuu rullaa kaihtimet,

    loiskahdus rantakiviin
    yökiitäjän hymy
    lepakon siluetti
        saaren uni
        sinisen harmaa.

KÄÄNNÄN KIVIÄ

Vesirajassa käännän jokaisen kiven, tarkistan
pikkunilviäiset, huuhdon ne hellästi rantaveteen,
on kiven pimeän puolen vuoro aurinkoon ja laineiden
hyväilyyn.

Ranta on hiekkaa ja kiviä, aallot siirtävät hiekkaa
edestakaisin, kivet pysyvät paikallaan, pienistä ei voi
olla varma. Joskus kevätmyrsky työntää jäämassoja
ylös rannalle, silloin saattavat isotkin kivet siirtyä,
rantapenkan puut kaatua.

> Lapset pyydystävät haavilla pieniä kaloja
> pieneen ämpäriin ja heittelevät veteen kiviä,
> pieniä ja isoja. Huomenna kahlaavat
> rantavedessä, etsivät järven pohjalta
> kimaltelevia jalokiviä ja simpukankuoria,
> kotilonkuoria. Joskus löytyy ehjä kuori,
> vaaleaa ruusunpunaa, ehkä sinihohdetta,
> miltei läpikuultavaa, ja silloin voi kuulla
> kaukaista huminaa.

Kaikki toistuu sukupolvesta toiseen ja järvi
teeskentelee ettei välitä, sisimmässään myhäilee,
muistaa oman pitkän matkansa, muistaa alkunsa,
laajan jäätikön ja tyhjyyden.

Mutta lasten pitää varoa jouhimatoja
ja iilimatoja, ei koskaan selvinnyt miksi
jouhimatojakin, iilimadot taas imevät verta,
sen tietää jokainen ja että järvisyyhy kutittaa,
erityisesti lapsia.

Jatkan järven rantaa, käännän kiviä, kerään simpukoiden
ja kotiloiden kuoria. Silloin tällöin silmänurkassa
kimaltaa.

KOHTAAMINEN

Likaisesta ikkunasta näkyi mäenharjanne
sen vähäiset pihlajat ja käkkärämännyt.
Maan ja taivaan välissä vyöryivät vaahtopäät
teräksenharmaina, valkeina.
Lokkien siivet välähtivät
sateesta paisuvaa taivasta vasten.

Vastajauhettu vilja tuoksui
pöly kutitti silmiä ja
kuulin koneiden kolkkeen.

Ääni takanani:

> *– kuka sinä olet? pieni tyttö katseli minua*
> *– olen Riitta, asuin kauan sitten tuolla tien toisella*
> *puolella*

Epäuskoinen katse:

> *– sama nimi kuin minulla ja minäkin asun siellä,*
> *tänne ei kyllä saisi tulla*
> *– luulen, että olen sinä paljon vanhempana ja että*
> *näen unta*
> *– näenkö minäkin unta*
> *– jos aamulla muistat tämän, silloin tiedät*
> *– miten me voimme olla samassa unessa*
> *– koska unessa eri ajat voivat tapahtua samaan*
> *aikaan*

Tyttö katseli epäröiden ympärilleen kuin tarkistaisi
oliko meitä vielä lisää.

Äkillinen puhuri ryskytti ikkunariviä
veti välillä henkeä ja koneiden jyskeen takaa
korvani muistivat ennen kuin kuulivat
raskaiden säkkien tömähtelyn
miesten huudot ja hevosten
          tuulen repimät vastaukset.

RANNATTOMIA SÄKEITÄ

Minä olen tämä järvi
väriä vaihtava, rytmiä muuttava
päivästä toiseen, vanha ja uusi.

Olen sileä kivi järven pohjalla
kuohupisara aallon kärjellä
olen syvyydessä torkkuva made
ja pinnalla kisaava korento
olen hauki, jonka leuasta irrotat koukun
ja rapu, jonka päästät vielä kasvamaan.

Olen kahlaava lapsi ja verkkoja kokeva mies
unen vedenhaltia ja valveen rantojen vartija.

En ulvo kuuta, en palvo aurinkoa
mutta hyräilen niille rannattomia säkeitä
nousen sumuna kohti aamua
lasken sorsalapset illalla uneen.

Kiitän

Terhiä asiantuntevasta avusta ja sujuvasta yhteistyöstä

Karia tuesta ja kommenteista

Villeä oivallisista mielipiteistä

Luettelo runoista

PEILIKUVA

PORTTI

HALLA